I LOVE TRAVEL
아이 러브 트래블

스티커
아트북

아트인북

스티커 아트북

아이 러브 트래블 테마 8

1 콜로세움

323조각

바탕지 : 7 | 스티커 : 25~32 | 난이도 : 상

2 파묵칼레

215조각

바탕지 : 9 | 스티커 : 33~40 | 난이도 : 중

3 첨성대

122조각

바탕지 : 11 | 스티커 : 41~44 | 난이도 : 중

4 세븐 시스터즈

154조각

바탕지 : 13 | 스티커 : 45~48 | 난이도 : 중

5 모아이

바탕지 : 15
스티커 : 49~52
난이도 : 하

176 조각

6 나이아가라 폭포

바탕지 : 17 | 스티커 : 53~60 | 난이도 : 중

240 조각

7 노이슈반슈타인성

바탕지 : 19
스티커 : 61~68
난이도 : 상

265 조각

8 짜익티요

바탕지 : 21
스티커 : 69~72
난이도 : 하

131 조각

Introduction

스티커 아트북이란?

이 책은 폴리곤 아트 기법(polygon art, 이미지의 형태와 색을 다각형으로 나누어 표현하는 기법)을 응용하여 만든 스티커 아트북입니다. 다각형으로 만들어진 스티커 조각을 같은 번호가 매겨진 바탕지에 붙이기만 하면 작품이 완성됩니다. 컬러링북, 점잇기 등 다양한 체험북들이 있지만 그 어떤 체험북보다 쉽고 즐겁게 완성도 높은 결과물을 얻을 수 있어 점점 그 인기가 높아지고 있습니다. 빈 공간에 한 조각 한 조각 스티커를 붙이다 보면 어느새 여러분만의 아트북을 완성하실 수 있습니다.

왜 스티커 아트북인가?

첫 번째 책 외에는 어떤 도구도 필요하지 않습니다.
두 번째 도구가 필요 없으므로 책을 펼칠 공간만 있다면 어디서든 즐길 수 있습니다.
세 번째 예술적 재능이 없는 막손이어도 멋진 아트북을 완성할 수 있습니다.
네 번째 완성 후 작품집으로 간직할 수도 있고, 액자에 넣어 집이나 사무실을 꾸밀 수 있습니다.

스티커 아트북의 효능

하나 몰입의 즐거움을 느낄 수 있습니다.
둘 스트레스가 해소됩니다.
셋 복잡했던 머릿속이 정리됩니다.
넷 한 작품씩 완성할 때마다 뿌듯한 성취감을 느낄 수 있습니다.

스티커 아트북 사용법

1 8가지 테마 중 마음에 드는 테마의 여행지를 고릅니다.
2 해당 여행지의 스티커 종이를 절취선에 따라 떼어내고 바탕지와 맞는 번호를 찾습니다.
3 한쪽 모서리부터 선과 각에 맞춰 스티커를 붙입니다. 완성도를 높이기 위해 핀셋을 활용하시면 좋습니다.

I LOVE TRAVEL

바탕지

1	콜로세움	7	5 모아이	15
2	파묵칼레	9	6 나이아가라 폭포	17
3	첨성대	11	7 노이슈반슈타인성	19
4	세븐 시스터즈	13	8 짜익티요	21

Colosseum

콜로세움

고대 로마인의 뛰어난 건축 기술을 엿볼 수 있는 콜로세움은 둘레 527m, 높이 48m, 4층의 타원형 건물로 정식 명칭은 '플라비우스 원형경기장'이다. 한 번에 5만 명의 관중을 수용할 수 있는 규모로 검투사들의 시합이나 맹수 사냥 시합 그리고 해상 전투를 재현하는 등의 목적으로 사용했는데, 해상 전투를 재현할 때는 놀랍게도 실제로 내부에 물을 가득 채워 모의 해전을 펼쳤다고 한다.

Pamukkale

파묵칼레

새하얀 석회봉과 파란 온천물이 신비로운 분위기를 자아내는 파묵칼레는 터키어로 '목화의 성'이라는 뜻으로 1988년에 세계문화유산으로 지정되었다. 1만4천여 년 동안 석회봉이 쌓여 지금의 모습이 된 파묵칼레 온천에는 여러 효능이 있다고 알려져 고대 로마 귀족들도 치료를 위해 방문했다고 한다. 하지만 현재는 출입에 제한을 두어 신발을 벗고 올라가 발만 담가볼 수 있다.

Cheomseongdae

첨성대

대한민국 국보 제31호인 첨성대는 신라시대 선덕여왕 때 지어진 건축물로 정확한 용도가 밝혀진 자료는 없으나 천문대로 추정하는 의견이 대다수이다. 놀라운 점은 첨성대가 현재까지 1,300년이 넘는 세월 동안 단 한 번도 무너지지 않고 굳건하게 자리를 지켰다는 것인데, 신라시대의 건축술이 얼마나 뛰어났는지 짐작해볼 수 있는 사례라 할 수 있겠다.

Seven Sisters

세븐 시스터즈

눈부시게 하얀 해안 절벽으로 유명한 세븐 시스터즈는 해안에서 올려다 본 절벽의 모습이 7명의 여인과 닮았다고 해서 세븐 시스터즈라 불린다. 절벽이 새하얀 이유는 놀랍게도 초크(분필)로 만들어졌기 때문이라는데 쉽게 침식되는 재질이어서 절벽이 매년 30~40cm씩 후퇴한다고 한다. 아름다운 절벽 아래를 걷다가 운이 좋으면 떨어져 나온 초크에서 백악기의 화석을 발견할 수도 있다고 한다.

Moai

모아이

칠레 본토에서 3,500km나 떨어진 외딴섬인 이스터섬 곳곳에는 얼굴 모양의 거대 석상 모아이가 900여 개 분포하고 있다. 움푹 들어간 눈, 크고 긴 코, 길다란 귀가 인상적인 모아이는 사람 크기부터 20m가 넘는 것까지 다양한 크기로 만들어져 있는데 아직까지도 만든 이유와 제작 방법, 거석의 운반 방법이 수수께끼로 남아 있다. 이런 모아이 덕분에 이스터섬은 1995년에 세계문화유산으로 지정되었다.

Niagara Falls

나이아가라 폭포

북아메리카에서 가장 큰 폭포인 나이아가라 폭포는 미국과 캐나다 국경 사이에 자리 잡고 있는데 폭포에 들어서면 웅장한 규모와 폭포수의 굉음에 압도당한다. 폭포의 규모만큼이나 엄청난 수량으로 인한 침식 현상으로 폭포 절벽이 매해 1~2m씩 후퇴하고 있었는데 근처에 발전소를 건설하여 물의 양을 조절함으로써 침식을 감소시키고 있다고 한다.

Neuschwanstein Castle

노이슈반슈타인성

남쪽 알프스 산자락에 불쑥 솟아올라 있어 더욱 신비로운 느낌을 주는 노이슈반슈타인성은 바이에른의 왕 루트비히 2세가 착공한 것으로 디즈니랜드의 모델이 된 것으로 유명하다. 겉모습은 중세의 모습을 재현하고 내부는 신화 속 벽화로 가득 채워 수많은 관광객의 사랑을 받고 있다. 하지만 정작 루트비히 2세는 국가 재정을 악화시켰다는 이유로 왕위에서 물러나게 되어 완공을 보지 못한 채 세상을 떠났다고 한다.

Kyaiktiyo

짜익티요

해발 1,100m 산꼭대기 절벽에 높이 7.3m의 황금바위가 아슬아슬하게 걸쳐져 있는 짜익티요는 미얀마 3대 불교 성지 중 한 곳이다. 바위가 절벽에서 굴러떨어지지 않아 영험한 느낌을 주는 짜익티요는 부처님의 머리카락을 모시고 있다고 하는데 이 부처님의 머리카락이 바위가 떨어지지 않게 붙잡고 있는 것이라는 전설이 내려오고 있다.

I LOVE TRAVEL

스티커

1	콜로세움	25~32	5 모아이	49~52
2	파묵칼레	33~40	6 나이아가라 폭포	53~60
3	첨성대	41~44	7 노이슈반슈타인성	61~68
4	세븐 시스터즈	45~48	8 짜익티요	69~72

콜로세움
Colosseum

p.7

콜로세움
Colosseum

p.7

콜로세움
Colosseum

p.7

콜로세움 208~276

208	209	210	211	212	213	214	215	216
217	218	219	220	221	222	223	224	225	226
227	228	229	230	231	232	233	234	235	236
237	238	239	240	241	242	243	244	245	246
247	248	249	250	251	252	253	254	255	256
257	258	259	260	261	262	263	264	265	266	267
268	269	270	271	272	273	274	275	276

콜로세움
Colosseum

p. 7

파묵칼레
Pamukkale

p.9

파묵칼레
Pamukkale

p.9

첨성대
Cheomseongdae

p.11

첨성대
Cheomseongdae

p.11

세븐 시스터즈
Seven Sisters

p.13

세븐 시스터즈
Seven Sisters

p.13

모아이
Moai

p.15

모아이
001~109

모아이
Moai

p.15

나이아가라 폭포
Niagara Falls

p.17

나이아가라 폭포
Niagara Falls

p.17

나이아가라 폭포
Niagara Falls

p.17

나이아가라 폭포
Niagara Falls

p.17

노이슈반슈타인성
Neuschwanstein Castle

p.19

노이슈반슈타인성
Neuschwanstein Castle

p.19

노이슈반
슈타인성
156~218

66

노이슈반슈타인성
Neuschwanstein Castle

p.19

짜익티요
Kyaiktiyo

p.21

짜익티요
Kyaiktiyo

p.21